AF231329

Quand le dollar nous tue

Édouard Tétreau

Quand le dollar nous tue

BERNARD GRASSET
PARIS

ISBN 978-2-246-78613-8

*Pour Camille P., Rodrigue O.,
Gaspard L. et Camille G.*

« La meilleure manière
de détruire le système capitaliste
est d'avilir sa monnaie. »

Lénine,
cité par John Maynard Keynes dans
*Les Conséquences économiques
de la paix* (1919)

En octobre 2010, après avoir vécu trois ans aux Etats-Unis, entre crise financière (*subprimes*) et réinvention politique (Obama), je concluais mes carnets de voyage[1] avec une hypothèse, et plusieurs scénarios d'avenir : l'Amérique allait sortir de la crise en faisant payer l'addition au reste du monde. Désormais incapable d'épargner, et d'équilibrer ses budgets publics comme privés, elle ne rembourserait JAMAIS ses dettes. Ou plutôt, elle le ferait en monnaie de singe, exportant dans le monde entier sa crise, ses dollars dévalués et une inflation à la mesure de ses déséquilibres.

A peine six mois après la publication

---

1. *20 000 milliards de dollars*, Grasset.

de mon livre, le « scénario diabolique[1] » est devenu la réalité de l'économie mondiale. Cette réalité s'impose plus vite que je ne l'imaginais : l'Amérique en 2011 a perdu la maîtrise de sa finance, de sa monnaie et, d'une certaine façon, d'elle-même. Comme victime d'incontinence, elle rejette dans l'économie mondiale des milliers de milliards de dollars qui n'ont plus aucune signification économique. Le dollar, synonyme de déficits, de passifs non remboursables, est devenu une fausse valeur.

« Le dollar est notre monnaie et votre problème », comme le rappelait cyniquement John Connally, secrétaire d'Etat au Trésor sous Nixon, en 1971, au moment où l'Amérique reniait ses

------

1. Les scénarios de cet « apocalypse monétaire », tirés du livre *20 000 milliards de dollars*, sont repris dans la deuxième partie de celui-ci.

engagements pris à Bretton Woods en 1944 d'arrimer le dollar à l'or. Et cette fausse valeur, que déverse l'Amérique dans l'économie mondiale, est littéralement en train de faire sauter la planète, en créant une inflation à la mesure de l'ardoise qui doit être effacée : 20 000 milliards de dollars, le tiers du PIB mondial.

Un flot inouï de dollars, provenant des robinets percés de la Fed, des fonds spéculatifs de Wall Street et des déficits du Trésor américain, est en effet en train de mettre nos économies et nos finances à feu et à sang. Littéralement. Je parle des émeutes de la faim qui ont provoqué des révolutions en Tunisie, en Egypte, des soulèvements dans le monde arabe, et qui créeront demain des troubles sans doute encore plus graves en Inde et en Chine. D'où sont venues ces émeutes de la faim, sinon de l'explosion du prix des matières premières, agricoles et énergétiques ? Sur ces marchés internationaux, où le dollar règne en maître absolu, les excès de la création monétaire débridée de la Fed sont venus se loger. Et, grâce aux fonds spéculatifs de Wall Street, l'effet de levier a joué à plein, catapultant le prix de ces denrées vitales à des niveaux prohibitifs pour la population mondiale, en particulier pour les 2,5 milliards d'habitants vivant avec moins de 2 dollars par jour. Une aubaine pour Wall Street. Un drame sans nom pour le reste du monde.

L'objectif de ce livre est d'abord de montrer comment les dollars de MMrs. Bernanke et Geithner, tel un virus, sont venus s'infiltrer dans nos économies, occidentales et émergentes, pour les mettre à genoux, et aider l'économie américaine à repartir.

Mais il n'est pas dit que l'Europe et

les puissances dominantes du XXIᵉ siècle, Inde et Chine en tête, laisseront indéfiniment et impunément le dollar ravager leurs économies et leurs sociétés. Pour éviter que cette guerre mondiale des monnaies, initiée par l'Amérique et aggravée par la Chine, grande manipulatrice de son taux de change, ne se transforme en guerre mondiale tout court, je propose d'explorer plusieurs pistes, en conclusion du livre.

Aujourd'hui, il y a urgence. Il n'est pas nécessaire d'attendre que le dollar ait tabassé nos économies et nos sociétés pour réagir. Le hasard et les vertus du calendrier politique français font que la France préside aujourd'hui le G20, jusqu'à la conférence de novembre 2011 à Nice. Ce sommet peut être autre chose qu'une ritournelle. Il peut être un vrai rendez-vous de la gouvernance mondiale, organisant et anticipant

la réalité structurante du XXIe siècle :
l'effacement de la superpuissance américaine au profit d'un monde multipolaire. Mais, pour y arriver, il faut
d'abord enterrer le dollar avant qu'il ne
nous tue.

L'Amérique de 2011 :
PIIGS are US

L'Amérique de 2011 ne cherche
même plus à donner le change. Comme
dans une course contre la montre, elle
accélère le rythme de ses déficits : vite,
vite, dépenser toujours plus d'argent
que ce que l'on a. Mais surtout, continuer de donner des leçons d'orthodoxie financière au reste du monde,
comme pour le maintenir dans la gêne.

Lorsque j'ai quitté New York à l'été
2010, on attendait 1 000 milliards de
dollars de déficit du gouvernement fédé-

ral en 2010, ce qui est déjà monstrueux : un excès de dépenses représentant, en un an, l'équivalent du PIB du Mexique ou de la Corée du Sud. Le score final fut bien pire : 1 400 milliards de déficit – l'équivalent du PIB du Canada. Je prends donc avec des pincettes les dernières prévisions du Congressional Budget Office pour le déficit fédéral en 2011 (1 500 milliards attendus) et en 2012 (1 100 milliards) : je fais le pari que ce sera bien davantage.

L'Amérique, avec un déficit fédéral représentant 10 % de son PIB annuel, joue désormais dans la même catégorie que la Grèce en 2010, qui dut avouer avoir triché sur ses comptes publics, et reconnut que ses déficits représentaient 13 % de son PIB. Pour reprendre et détourner une marque américaine connue[1],

____

1. Toys R US.

PIIGS are US : les « cochons », les Etats incapables de maîtriser leurs finances publiques au point de bidouiller leurs comptes, ce ne sont pas le Portugal, l'Italie, l'Irlande, la Grèce, l'Espagne : ce sont d'abord les Etats-Unis de 2011.

Le Trésor américain, situé à côté de la Maison-Blanche, sur Pennsylvania Avenue à Washington, est devenu le plus grand tonneau des Danaïdes de la planète, en ce début de XXIe siècle. Champion toutes catégories de la mauvaise gestion financière, il perd au rythme actuel 4 milliards de dollars par jour, écart entre les dépenses et les recettes budgétaires en 2011. J'anticipe que, main dans la main, les démocrates de M. Obama et les républicains de Mme Palin feront tout pour le creuser davantage, les uns poussant à la dépense publique (les démocrates), les autres à la réduction d'impôts (les républicains).

Avec une telle combinaison gagnante, malgré les récentes déclarations d'intentions, et malgré les réels efforts de pédagogie d'une minorité éclairée de décideurs américains plaidant pour un plan drastique de rééquilibrage des comptes publics américains[1], il est plausible de voir un déficit annualisé américain proche de 2 000 milliards de dollars en 2012. L'équivalent du PIB du Brésil ou de la Grande-Bretagne.

Qui dit mieux ? Dans le monde entier, personne ne se laisse aller à une telle gabegie. Certainement pas les pays d'Europe qui tous, aujourd'hui, avec des degrés d'urgence et des niveaux de courage variables, s'efforcent de restaurer leurs finances publiques : de la

____

1. La Peter G. Peterson Foundation, le Bipartisan Policy Center, le Committee for Economic Development notamment. Dans ces endroits, aujourd'hui minoritaires dans l'opinion publique américaine, de

courageuse Grande-Bretagne à la Grèce en passant par l'Irlande, l'Allemagne, l'Espagne, le Portugal et l'Italie, chacun trouve les voies et les moyens d'une discipline budgétaire vitale. Sans doute subsiste-t-il encore une exception française dans ce registre-là aussi, mais la crise de 2008 a rappelé à tous que l'on ne pouvait pas vivre impunément au-delà de ses moyens, et faire indéfiniment payer l'addition aux autres, à ses enfants ou petits-enfants.

---

réels travaux d'analyse, de lobbying et de propositions, sont développés afin de pousser l'administration américaine à retrouver ses équilibres budgétaires et donc à relégitimer son *leadership* moral, économique et financier. Mais ces travaux se heurtent à la double myopie de certains intérêts catégoriels de gauche (poussant à la dépense budgétaire) comme de droite (poussant à la réduction voire l'annihilation des impôts).

Les robinets percés
de la Réserve fédérale américaine

Le seul vrai concurrent du Trésor américain, en termes de mauvaise gestion financière et d'incapacité à compter, c'est une autre institution à Washington, voisine à moins d'un *mile* : la Réserve fédérale. Depuis 2008, la Réserve fédérale américaine conduit une politique monétaire qui n'a aucun sens économique : elle prête de l'argent aux banques privées américaines avec des taux d'intérêt réels négatifs. Le taux « directeur » de la Fed doit être, depuis le 16 décembre 2008[1], compris entre 0 et 0,25 %. Si l'on déduit l'inflation de ce taux, il devient négatif. Qu'est-ce que cela veut dire, concrètement ? Que la Réserve fédérale américaine, la banque la plus importante au monde, paye un intérêt à…

____

1. Décision du Federal Open Market Committee.

ses débiteurs ! Elle dit aux banques américaines : « Venez emprunter 100 dollars chez moi, je vous donne pour cela 1 dollar par an. Mais si vous empruntez 1 000 milliards de dollars, c'est encore mieux : je vous donnerai 10 milliards de dollars tous les ans. »

Oui, c'est le monde de la finance à l'envers : on paye un intérêt aux débiteurs pour qu'ils empruntent de plus en plus. Est-ce vraiment comme cela que l'Amérique remboursera les milliers de milliards de dollars qu'elle doit au monde ? En encourageant tous ses agents économiques – entreprises, banques, ménages, gouvernement – à pousser toujours plus loin leurs excès : surconsommation, suralimentation, excès de dépenses militaires, excès de spéculation financière grâce au recours illimité – et gratuit – à l'endettement ?

Jamais, dans l'histoire économique

mondiale, une telle politique monétaire, à l'envers de ce que le bon sens
exigerait, n'avait été entreprise aussi
longtemps et à aussi grande échelle.
Nous sommes entrés dans une période
inédite, une *terra incognita* pour laquelle nous n'avons pas de repères. Le
dernier épisode, bien plus limité, avait
été initié par M. Greenspan en 2001, et
s'est soldé par l'excès de crédit et la
crise financière de 2008.

Aujourd'hui, les banques américaines
s'engouffrent sans retenue dans cette
brèche, empruntant de l'argent à taux
nul ou négatif, pour essentiellement reconstruire leurs profits et bonus liés à
leurs activités de spéculation, et maintenir sous perfusion le marché résidentiel
immobilier américain, qui représente
l'essentiel du patrimoine des Américains : 18 000 milliards de dollars. Un
soutien artificiel vital pour l'Amérique :

un quart des foyers américains sont déjà *under water*, ont des crédits immobiliers valant plus que leur maison. Le jour où la valeur de leur maison chute, l'effet de pauvreté engloutira des pans entiers de la société américaine.

A ce jour, cette opération de sauvetage de l'économie américaine a réussi : l'excès de dollars est effectivement venu soutenir la consommation, le prix de l'immobilier et le cours des actions américaines : entre mars et septembre 2009, le patrimoine des Américains, soutenu par cette politique d'argent facile, a bondi de plus de 2 800 milliards de dollars.

Pourtant, comme si cette politique insensée d'argent facile, plus que gratuit, ne suffisait pas, la Réserve fédérale de Mr. Bernanke est allée un cran plus loin dans l'absurde. Fin août 2010, alors que je rentrais en France, Mr. Bernanke déclarait tel un matamore, lors du symposium des banquiers centraux du monde entier, à Jackson Hole, qu'il ferait, *whatever it takes*, tout ce qu'il faudra pour soutenir l'économie américaine. Dont acte : ce sera, à partir de novembre 2010, une deuxième tournée de *quantitative easing*. Traduction : de façon délibérée, la Réserve fédérale américaine entreprend, depuis cette date, de faire circuler de « l'argent frais », d'un montant de 600 milliards de dollars, en inondant les marchés mondiaux de liquidités nouvelles[1]. Visiblement, le premier round de cette planche à billets, d'un volume de 1 700 milliards

---

1. Concrètement, la Fed s'est créditée de 600 milliards de dollars sur son propre compte en banque pour ensuite racheter aux institutions financières (banques, compagnies d'assurances) des obligations du Trésor américain pour l'essentiel ainsi que des créances qui n'étaient pas ou peu liquides.

de dollars, pour éponger les ardoises des petits génies de Wall Street après la crise de 2008, n'aura pas suffi.

La Fed, c'est sa fonction essentielle aujourd'hui, fabrique ainsi des dollars à partir de rien. Parce que tel est son bon plaisir. Elle inonde l'Amérique et le monde avec des dollars n'ayant aucune réelle contrepartie économique. Les effets de cette folie, conjointe à la production illimitée de déficits fédéraux, n'ont pas tardé à se manifester.

Reprise aux Etats-Unis...

Gavée de nouvelles dettes et de nouveaux dollars fabriqués *ex nihilo*, l'éco-

---

Ces institutions financières privées reçoivent en contrepartie du cash, du vrai argent, qu'elles peuvent ensuite réinjecter dans l'économie (idéalement) ou dans la spéculation (matières premières, agricoles et énergétiques).

nomie américaine est repartie de plus belle. Au quatrième trimestre 2010, tous les clignotants de la croissance étaient au vert : exports (+ 8%), consommation des ménages (+ 4,4%), croissance du PIB (3,2 %). Parions que la croissance attendue pour 2011 (3,1 % à fin février 2011) sera *in fine* bien supérieure.

Deux clignotants sont en berne, mais tel est le choix de l'Amérique : l'épargne des ménages, qui rechute, se traînant à un niveau ridiculement faible pour un pays et des ménages aussi endettés : 5,4 %, soit trois fois moins que le taux d'épargne français ou italien (et quatre fois moins que le taux d'épargne chinois) ; et la valeur du dollar par rapport aux autres monnaies. Le dollar dérive ? C'est une très bonne chose pour l'Amérique, qui exportera ses produits moins cher, tandis que les importations vers l'Amérique seront découragées.

Enfin et surtout, l'incommensurable dette extérieure de l'Amérique lui coûtera moins cher à rembourser. Tant pis pour les créanciers de l'Amérique. Tant pis pour tous ceux qui croyaient que le dollar était une devise fiable. Tant pis, en fait, pour le reste du monde, qui a cru aux promesses fiduciaires de l'Amérique, et qui est obligé d'en payer le prix aujourd'hui. Et quel prix !

… inflation galopante et émeutes de la faim pour le reste du monde

Tous ces dollars, que l'Amérique déverse par les doubles robinets des déficits (Trésor) et de la création monétaire (Fed), doivent bien se loger quelque part. En théorie économique classique, lorsqu'il y a un excès d'argent dans le système, un excès de monnaie par rapport aux actifs économiques, il y a inflation. Les prix montent partout, venant éponger cet excès. Or, le problème du dollar – et qui faisait sa force jusque-là – réside dans son ubiquité. Il n'est pas seulement la monnaie des Etats-Unis, mais la monnaie de réserve du monde. Il se promène partout, notamment dans le marché des changes, totalement fou (80 % des transactions d'un marché totalement déconnecté du réel, représentant 1 500 millions de milliards de dollars par an), dans les bilans des Banques centrales (60 % des réserves mondiales). Il est le seul[1] à pouvoir acheter, sur les marchés internationaux, les denrées les plus vitales pour l'espèce et l'activité humaines : les matières agricoles (blé, riz, soja), les matières premières

____

1. Le détail de cette réalité est effarant. Exception faite des échanges agricoles intra-européens, et de quelques marchés spécifiques (l'huile de palme échangée en *ringgit* malais à Kuala Lumpur, la laine

(cuivre, métaux), les matières énergétiques (pétrole, gaz).

Là est le *hic* : si le dollar était uniquement la monnaie des Etats-Unis, cette création monétaire et ces déficits se seraient soldés par une hyperinflation aux Etats-Unis, aussi violente que celles qu'ont connues l'Allemagne des années 1920, la France des assignats ou le Zimbabwe des années 2000. Ç'aurait été horrible pour nos amis américains, qui auraient sans doute dû subir des plans de redressement aussi socialement insupportables et aussi humiliants que ceux que le FMI a pu imposer à la Grande-Bretagne dans les années 1970, ou au Mexique dans les années 1995.

échangée en dollars australiens à Sydney), toutes les matières premières, agricoles et énergétiques du monde sont échangées aux Etats-Unis (NYMEX à New York, CME à Chicago, ICE à Atlanta) ou à Londres (LME), exclusivement en dollars.

Mais, le dollar étant la monnaie du monde, c'est l'inverse qui est en train de se produire : l'inflation mondiale galopante, provenant des robinets percés de la Fed et du Trésor américain, s'est propagée partout dans le monde, SAUF chez nos amis américains ! Des amis qui sont en train, qu'ils en soient conscients ou non, de devenir les adversaires du monde entier.

En consultant la bible de la pensée économique anglo-saxonne, *The Economist*[1], dont on attend toujours un début de critique sur la gabegie des finances américaines, aussi pertinente et répétée que leurs dossiers hebdomadaires sur la prétendue crise de l'euro, la page des principaux indicateurs économiques mondiaux fait apparaître le paradoxe du moment : aux Etats-Unis,

---

1. Edition du 21 février 2011.

les derniers chiffres de l'inflation sont d'une modestie déconcertante (+ 1,5 %). Il n'en est pas de même pour la zone euro, qui dépasse (+ 2,4 %) son seuil maximum de 2 %, malgré tous les efforts de la BCE de Francfort pour tenir cet objectif. Mais dans le reste du monde, la flambée des prix est d'une tout autre nature, et ne fait que commencer : + 9,6 % en Russie, + 4,9 % en Turquie, + 9,7 % en Inde, + 4,9 % en Chine, + 7 % en Indonésie, + 11 % en Argentine (chiffres officiels : d'autres chiffres estiment l'inflation à 20 %). Et... l'Egypte, à + 10,8 %.

Le tour de force est spectaculaire : pour faire repartir son économie, sans payer le prix, ni d'une politique d'extrême rigueur budgétaire, ni de l'inflation, l'Amérique a réussi à exporter l'une et l'autre dans le reste du monde.

L'Amérique exporte sa crise

Pour l'inflation, le mécanisme est le suivant : la Fed et le Trésor américain se mettent à créer des dollars et des déficits, en quantité illimitée. *De facto*, ces deux politiques fabriquent de nouveaux dollars, qui viennent se loger en partie dans l'économie américaine (Bourse, prix de l'immobilier, nouveaux crédits à la consommation), en partie dans le reste du monde. En effet, les grands détenteurs de dollars, qu'il s'agisse d'entreprises, de fonds d'investissement ou de fonds souverains (notamment de pays pétroliers), ne sont pas totalement stupides. Ils comprennent bien que l'Amérique est en train de laisser filer sa monnaie, et donc de déprécier leurs avoirs. Ils voient bien, aussi, que les taux d'intérêt quasi nuls de la Fed ne leur rapportent plus rien. Ils

33

vont donc chercher à s'investir partout ailleurs. Tout sauf du dollar ! Les uns vont donc troquer leurs dollars contre de l'or, de l'argent, du cuivre ; du blé, du pétrole, du soja, du maïs ; de l'immobilier, des œuvres d'art ; des terres agricoles ; ou encore, des actions. Bref, des valeurs refuges, du tangible. Les dollars se dépréciant contre les autres devises, il faut de plus en plus de dollars pour acheter la même quantité d'euros, mais aussi de pétrole, de riz, de blé.

Le résultat de cette politique se traduit dans les principaux désordres mondiaux de 2011. Ainsi, l'explosion du prix des principales matières agricoles et énergétiques a peut-être enrichi les spéculateurs de Wall Street. Elle a surtout été la première cause des émeutes de la faim en Tunisie et en Egypte, avec les conséquences que l'on sait. Ce n'est pas un *chat* sur Facebook qui crée des révolutions, mais des ventres vides. Demain, à qui le tour ? Lorsque les dollars fous de l'Amérique viendront gonfler les cours mondiaux au point d'empêcher des centaines de millions de paysans chinois et indiens de se nourrir à leur faim, ou de se vêtir, que se passera-t-il ? Les régimes actuels de la première démocratie au monde et de la deuxième puissance économique mondiale tiendront-ils debout ? Rappelons qu'à l'origine des émeutes de Tiananmen il y avait éventuellement un désir de liberté ; il y avait surtout une population rudement éprouvée par une inflation à 20 %.

Je ne méconnais pas les autres paramètres qui ont contribué aux poussées inflationnistes dans ces pays-là : la croissance forte ; la pression démographique ; l'appétit vorace de la Chine qui

assèche des marchés entiers de matières
premières, pour assouvir ses besoins
de croissance mais aussi de spéculation ; et même certains incidents clima-
tiques compromettant telle récolte en
Russie ou dans le Midwest. Mais ces
arguments, dont la mauvaise foi n'est
pas toujours absente[1], sont incapables
d'expliquer l'ampleur et la brutalité
des montées de ces cours. Entre le
16 décembre 2008, date de la décision
de la Fed d'abaisser ses taux au mini-
mum, et le 1er janvier 2011, les indices
de prix *food* (nourriture), céréales et
sucre, calculés par la Food and Agri-
culture Organisation, augmentaient respectivement de 62 %, 46 % et 161 %,

----

1. Lire l'article ahurissant de Paul Krugman dans
le *New York Times* du 6 février 2011 : « Droughts,
Floods and Food ». Pourtant prix Nobel d'économie,
ce chroniqueur américain explique que l'inflation
mondiale est la faute… au mauvais temps.

tandis que le prix du baril (*light crude oil* à New York) doublait. La chronologie est importante : cette flambée de prix a eu lieu AVANT les émeutes de la faim qui ont renversé MM. Ben Ali et Moubarak, créant des tensions géopolitiques dans toute la région, et des pressions nouvelles sur le marché – pas APRÈS, comme certains chroniqueurs américains voudraient le laisser croire. Autre chiffre éclairant : au dernier trimestre 2010, donc avant les émeutes en Tunisie et en Egypte et la déstabilisation du monde arabe, le Chicago Mercantile Exchange a vu les volumes quotidiens échangés sur ses contrats pour produits agricoles, bondir de 42 % : les *traders* auront terminé leur année de spéculation en beauté, et auront bien mérité leurs bonus, encore plus élevés qu'avant la crise. A charge pour le reste du monde de vivre avec des prix agricoles artificiellement inflatés.

Dans cette fin d'année 2011 et en 2012, il faudra donc surveiller de très près tous ces pays ayant actuellement une inflation supérieure à 5 %, potentiellement immaîtrisable demain si le robinet des dollars de la Fed et les exploits des *traders* de Londres, Chicago et New York, continuent de gonfler les prix des denrées les plus précieuses, et si les troubles géopolitiques actuels devaient s'aggraver. Parmi les pays les plus à risque figurent : l'Arabie saoudite, le Brésil, l'Argentine, l'Inde, la Russie, la Grèce. Et la Chine.

La rigueur, cadeau-bonus des dollars fous de l'Amérique

Corollaire de l'inflation galopante : la lutte contre l'inflation, justement.

Elle a commencé dans les pays les plus atteints aujourd'hui, en particulier les grands pays exportateurs. Concrètement, cette lutte passe d'abord par un resserrement des politiques monétaires et une politique de contrôle des capitaux des pays touchés. Le Brésil, la Chine, la Thaïlande, la Corée du Sud, Taïwan ont déjà pris de telles mesures.

Or, à l'intérieur des pays subissant la rigueur, les choses deviennent beaucoup plus sombres. L'argent circule moins, moins vite, devient plus rare et plus cher. Les prix des actifs, notamment immobiliers, baissent. Pour calmer la surchauffe, et empêcher ce que l'on appelle les « effets de second tour », on limite la hausse des salaires. Ainsi, tout le monde perd : les possédants voient leurs rentes s'amoindrir et leurs actifs se déprécier ; les salariés sont appauvris par la hausse du coût de la vie et le gel de leurs salaires ; et les nouveaux entrants sur le marché du travail (chômeurs, jeunes) n'ont plus de débouchés, les entreprises exportatrices subissant le renchérissement de leur monnaie contre le dollar. Il faut moins que cela pour faire sauter un pays, et/ou son régime, notamment dans les pays aux démographies jeunes.

Une cible de premier choix : l'Europe

A ce jour, les grands pays émergents sont les premiers exposés à cette politique de rigueur. Mais l'Europe, dans son ensemble, est la prochaine victime sur la liste. L'Europe commence, dès à présent, à avoir un sérieux problème avec l'inflation. Cela ne concerne pas seulement les pays les plus endettés (Grande-Bretagne et Grèce), mais toute la zone euro, qui a dépassé son objectif de 2 % de hausse des prix. Dans le contexte très dangereux de la succession de Jean-Claude Trichet, président de la Banque centrale européenne (BCE), la course à l'orthodoxie monétaire est déjà engagée. Les paris sont ouverts pour savoir à quelle rapidité et avec quelle ampleur la BCE, obnubilée par son seul[1] objectif de lutte contre l'inflation, resserrera les vis.

Les partisans de l'euro fort, frustrés des audaces et de l'autorité avisées de M. Trichet[2], auront gagné. Et c'est tout le continent européen qui perdra. Comment en effet imaginer continuer de

____

1. Contrairement à la Fed, la BCE n'a aucun objectif en termes de soutien à la croissance et à l'emploi.

2. Qui a été le premier banquier central au monde à injecter des liquidités dans le système face au risque des *subprimes* américains, dès l'été 2007.

produire en Europe des automobiles, des avions, avec un euro fort ? Comment espérer que des villes comme Toulouse, Bordeaux, Sochaux, survivront à la délocalisation hors d'Europe des sites Airbus et Peugeot ? Si la zone euro ambitionne, comme c'est le cas aujourd'hui, une croissance économique de 1,5 % en 2011, avec des taux d'intérêt à 1,09 % et un euro relativement bon marché à 1,35 dollar, quel niveau de récession économique doit-on anticiper avec des taux d'intérêt à 5 %, et un euro à deux dollars ? Une récession à − 5 % ou − 10 % ? Au bout du compte, au-delà de ces chiffres secs, quel niveau de chômage, notamment des jeunes, faut-il prévoir ?

La guerre des monnaies, que l'Amérique nous oblige à subir, va faire des ravages si nous ne nous donnons pas les moyens de nous défendre. Et de contre-attaquer. L'Union européenne, première puissance économique mondiale avec un PIB de 12 000 milliards d'euros, n'at-t-elle pas des atouts significatifs à faire valoir, et à jeter dans la bataille ? A commencer par la taille de son marché, aujourd'hui ouvert à tous les vents, et dans lequel les dollars et les vecteurs des déséquilibres financiers américains (les banques américaines, notamment) circulent et font des affaires, sans taxes, freins ni barrières ?

Quand la Chine s'énervera

S'il y a bien un pays qui ne va pas se laisser faire, c'est la Chine. Lorsque j'alerte mes amis américains sur la capacité de réaction de la Chine – premier créancier de l'Amérique, deuxième puissance économique mondiale, 2 847 milliards de dollars de réserves de change, première armée au monde en nombre de combattants actifs – ils entonnent systématiquement le même refrain : le dilemme du prisonnier. « La Chine a trop besoin de nous… si elle nous veut du mal (*wishes us evil*), elle ne reverra plus jamais ses obligations du Trésor, on ne les lui remboursera pas… elle ne pourra plus exporter chez nous, elle sera *dead and buried*… si elle arrête d'acheter nos obligations du Trésor, le dollar s'effondre, et avec lui la valeur de ses milliers de milliards de dollars d'excédent… on a trop besoin l'un de l'autre, *they have to live with it.* »

Wishful thinking. Certes, la Chine continue d'être présente aux ventes aux enchères des bons du Trésor américain. Elle continue de les acheter, et ainsi de financer la politique à fonds perdus de l'administration Obama. Deux raisons la poussent à cela : d'abord, continuer d'alimenter le crédit de son principal client, les Etats-Unis, pour qu'il continue d'acheter ses produits pour quelque temps encore ; ensuite, manipulation de cours oblige, soutenir la valeur du dollar contre sa monnaie, le *renmibi*, pour exporter ses produits vers l'Amérique à un tarif compétitif. Tout cela est vrai. Sauf que, ces six derniers mois, deux informations majeures et une analyse sont venues questionner la pérennité de cette situation :

— Le 2 février 2011, le Trésor américain révélait que le premier détenteur de bons du Trésor américain n'était plus la Chine mais… la Réserve fédérale ! Or, cette dernière, à cette date, n'était qu'à mi-chemin de son exercice de planche à billets (*quantitative easing*). Lorsque ce livre sera publié, la Fed aura peut-être accumulé 1 600 milliards de dollars de bons du

Trésor américain, soit plus que les deux plus grands créanciers de l'Amérique réunis : la Chine et le Japon ! Traduction, au-delà de la portée symbolique : la Chine n'arrive plus à suivre les besoins dantesques de financement des déficits américains. Petit à petit, elle se fait moins présente. Elle se laisse diluer, avant de préparer sa sortie. Laissant la Fed et le Trésor continuer seuls leur fabrication en boucle de dollars et de déficits.

— Fin octobre 2010, le parti communiste chinois a donné les premières indications de son 12ᵉ plan quinquennal, qui sera finalisé au printemps 2011. La priorité est sans équivoque : diminuer la dépendance aux exportations, et réorienter à marche forcée l'économie chinoise vers la consommation intérieure. Un virage souvent annoncé, très attendu, mais qui a lieu sous nos yeux : construction de lignes à grande vitesse pour développer le marché intérieur, investissement de plus de 200 milliards de dollars sur cinq ans dans l'aviation civile, pour faire passer le trafic aérien de 300 à 450 millions de passagers en... cinq ans[1] ! En Chine, la croissance de la consommation n'est pas encouragée, mais décrétée. Il est prévu d'accroître la consommation des ménages de 5 à 10 % par an. En 2011, le marché automobile chinois devrait représenter 20 millions de voitures vendues, loin devant les Etats-Unis (13 millions). La priorité n'est plus, et ne sera sans doute jamais plus, d'exporter des produits en Amérique. Dès lors, si la priorité est de servir son marché intérieur, au nom de quoi la Chine devrait-elle s'embarrasser de dollars ? Au nom

---

1. Source : IATA.

de quoi devrait-elle continuer à acheter les dettes non remboursables d'un pays producteur de déficits à perpétuité ? Il faudra regarder de près l'exécution du 12ᵉ plan quinquennal de la Chine communiste ; et anticiper la date à partir de laquelle la Chine dira à l'Amérique : « *Sorry, guys*, mais votre monnaie de singe, on vous la laisse. On n'en a plus besoin pour notre prospérité. » Or, ce moment est bien plus proche qu'on ne le croit.

J'ai eu l'occasion, dans mes activités professionnelles, d'étudier de près la façon dont la Chine réinvestissait les 2 847 milliards de dollars de réserves de change qu'elle a accumulées depuis son entrée dans le commerce mondial. La conclusion se résume ainsi : depuis 2008 et la crise financière américaine, la Chine a accéléré la conversion de ce papier-monnaie en des actifs de plus en plus tangibles, et visibles. C'est par millions d'hectares que la Chine acquiert des terres en Afrique, en Amérique du Sud, en Asie centrale. C'est par dizaines de milliards de dollars qu'elle fait main basse sur des mines de charbon, de minerai de fer, de métaux précieux au Canada, en Océanie notamment. C'est par milliards et centaines de millions de dollars qu'elle acquiert des actions de grandes sociétés et des infrastructures stratégiques occidentales, du centre de conteneurs du Pirée (racheté par le chinois Cosco Pacific) à Total, en passant par Barclays, Morgan Stanley, etc. Sans compter les quelques hectares de vignes (Lalande de Pomerol) qu'elle commence à acquérir en France, notamment, pour apprendre ce métier, et avant d'entreprendre des rachats plus massifs. Mais la Chine ne s'arrête pas là. Consciente de la nécessité de dépendre toujours moins du dollar, et de soutenir l'euro, la seule alternative crédible à la monnaie américaine, la Chine achète par milliards les dettes des pays européens vulnérabilisés par la crise de 2008 : les dettes du Portugal, de la Grèce, et demain, n'en doutons pas, l'Espagne, l'Italie, la France. *In fine*, le reliquat de dollars détenus par la Chine sera sans doute suffisamment limité, et la dynamique de son marché intérieur suffisamment forte, pour tirer un trait dessus, et laisser définitivement tomber le dollar.

Quand ce moment arrivera-t-il, où la Chine lâchera le dollar et son partenariat avec l'Amérique, pour se concentrer sur son marché intérieur et se replier sur elle-même ? Nul ne le sait. J'observe simplement l'accélération des dépenses militaires de la Chine depuis quelques années, qui entretient une inquiétante course aux armements en Asie[1]. Et, lorsque le secrétaire d'Etat à la Défense américaine, Robert Gates, fait une visite d'Etat à Pékin le 9 janvier 2011, la Chine lui inflige un camouflet historique, réalisant le jour même un vol d'essai de son avion de chasse furtif, le J-20, une arme particulièrement offensive. Quelques semaines auparavant, on apprenait que la Chine allait déployer des centaines de missiles sol-mer (Dong Feng 21), capables d'atteindre sans défense possible, grâce à un système de brouillage, des bâtiments de guerre à plus de 2 000 km des côtes chinoises. Message sans équivoque : la US Navy est priée de déguerpir de la région, pour laisser la Chine consolider

____

1. Lire à ce sujet l'article de Robert Kaplan dans *Foreign Affairs* : « The Geography of Chinese Power » (mai 2010).

ses territoires comme elle l'entend. A commencer par Taïwan.

La Chine semble donc se préparer activement à cette confrontation, et à la rupture de son *deal* avec les Etats-Unis. Mais il est probable que cette rupture vienne plus tôt qu'elle ne le prévoit. Si, du fait du dollar inondant les marchés mondiaux de produits agricoles et énergétiques, la Chine commence à connaître un nouvel épisode d'inflation à deux chiffres, comparable à celui qui avait provoqué Tiananmen en 1989 (dans une Chine où l'écart de richesses dans la population et le niveau d'information étaient moindres qu'aujourd'hui), alors le coupable, dans cette dictature communiste, sera vite désigné, et livré en pâture à l'opinion publique : ce sera l'Amérique, et personne d'autre.

Refuser le double chantage sino-américain : le G18 contre le G2

Le monde serait donc condamné à subir le double chantage sino-américain, et à attendre passivement et dans la douleur son dénouement. Qui tuera l'autre le premier ? Les Etats-Unis, en provoquant grâce au dollar une spirale inflationniste mondiale, et *in fine* des émeutes en Chine, pires que Tiananmen ? (On trouvera certainement, à Washington, des voix pour se féliciter de cette chance pour la démocratie.) Ou la Chine, qui tuera d'un coup le dollar, monnaie artificielle condamnée à connaître le même sort que les Reichsmarks, et donc l'Amérique, qui sera alors incapable de financer, par elle-même, son Etat, son armée, son économie ?

Il n'est pas satisfaisant que les quatre autres grands ensembles composant le monde au XXIe siècle, à savoir l'Europe, l'Asie hors la Chine (Inde, Japon, Indonésie notamment), l'Amérique du Sud et les grands pays musulmans, restent les bras croisés, spectateurs et victimes collatérales de ce double chantage, subissant sans réagir les déséquilibres de la Chine et de l'Amérique.

Ces grands ensembles, qui sont deux fois plus importants que le tandem sino-américain, en termes de population et de richesse économique notamment, méritent mieux. Ils méritent d'abord de s'organiser et de se défendre. Or, ils sont d'une certaine façon représentés par le « G18 » : les dix-huit pays du G20, moins les Etats-Unis et la Chine.

Avant le G20 de Nice, ces dix-huit pays, représentant des entités plus larges qu'eux-mêmes (le Brésil pour l'Amérique du Sud, l'Arabie saoudite pour les pays musulmans, notamment), peuvent et doivent explorer plusieurs pistes, ensemble, afin de les proposer sinon de les imposer aux deux acteurs les plus déséquilibrés du moment, dans l'économie mondiale, à savoir les Etats-Unis et la Chine.

Quatre pistes de réflexion

La dangerosité du double chantage sino-américain actuel mérite que l'on prépare, sans attendre, des réponses éventuellement radicales au défi du dollar. Quatre pistes méritent d'être explorées[1] :

1) Est-il raisonnable de laisser le dollar continuer d'acheter les ressources les plus rares et les plus essentielles à notre

---

1. Sur ces questions complexes de gouvernance mondiale dans les domaines monétaires et financiers, vous retrouverez davantage de détails et de propositions concrètes, pour prolonger le débat, sur le site www.etatsunisdeurope.com.

survie, sur des marchés boursiers aux dysfonctionnements avérés ? Les places de marché de New York, Chicago et Londres ont en effet, pendant et après la crise de 2008, donné toute la mesure de leur inefficience et de leur amateurisme. Entre le *flash crash* (krach électronique) de la Bourse américaine du 6 mai 2010, où 1 000 milliards de dollars ont été égarés en 20 minutes[1], et la panne technique de la Bourse de Londres du vendredi 25 février 2011 ; entre le *high-speed trading*, source d'erreurs et de manipulations indétectables, et l'aveu d'Alan Greenspan lui-même sur l'inefficience des marchés de capitaux[2], il paraît absurde de continuer de confier à ces casinos électroniques le soin de donner un prix à nos matières premières, agricoles

---

1. Cf. *20 000 milliards de dollars*, *op. cit.*, p. 209 et suivantes.
2. Cf. *ibid.*, p. 98.

et énergétiques. La réorganisation de ces marchés passe sans doute par leur délocalisation, la limitation de leur accès à un nombre restreint d'institutions référencées par le FMI (en clair : pas de *hedge funds*, de courtiers ultra-dominants ni d'investisseurs financiers court-termistes, ayant recours à l'effet de levier), et le remplacement du dollar par une autre monnaie autorisée à opérer sur des marchés aussi stratégiques.

2) Comment répondre au *dumping*[1] monétaire américain, ainsi qu'aux manipulations de change et au *dumping* social de la Chine, autrement que par

---

1. De *to dump* : littéralement « jeter à la poubelle ». Le *dumping* est un acte de guerre commerciale, par lequel on vend ses produits en dessous de leur prix de revient. C'est le cas des Etats-Unis (le dollar devrait porter des taux d'intérêt bien supérieurs, compte tenu de l'état des finances américaines), mais aussi de la Chine, qui manipule son taux de change pour maintenir sa monnaie basse.

des mesures assumées de protectionnisme commercial et financier ? Personne n'aime l'idée de protectionnisme :
chacun sait, notamment depuis les années 1930, qu'il mène à la contraction de
l'économie mondiale, et à la guerre. Mais
le double chantage sino-américain oblige
le reste du monde à envisager de telles
mesures, qui sont d'ailleurs prévues dans
les textes fondateurs de l'OMC[1]. Ces mesures (relèvement de barrières douanières, contrôle des changes, taxes sur des
capitaux étrangers, etc.) pourront être
accompagnées d'une prime donnée aux
pays démocratiques et libres sur les dictatures : le *free trade for free countries*[2].

---

1. Article VI de l'Accord général sur les tarifs
douaniers et le commerce de 1994 (accord dit
« antidumping »).

2. Pénaliser les pays non démocratiques – dictatures pétrolières, Chine, etc. – en taxant leurs exportations au nom du *dumping* social.

3) Le moment n'est-il pas venu de délocaliser enfin les organisations financières internationales hors d'une Amérique aujourd'hui décrédibilisée dans le registre de l'orthodoxie financière ? Le FMI et la Banque mondiale mériteraient ainsi de déménager à Genève, Vienne, Istanbul, Kuala Lumpur, Singapour, Mumbai… mais loin de Washington, la ville aux 1 500 milliards de dollars de déficits annuels. Le FMI ne pourra pas continuer d'imposer des plans de rigueur financière à des pays en difficulté, si le pays l'hébergeant est le plus mauvais exemple à suivre dans ce domaine.

4) Comment remplacer le dollar par une vraie monnaie mondiale, qui ne soit pas la monnaie d'un seul pays ou ensemble de pays, aussi puissant soit-il ? Dans ce registre de création d'une seule monnaie à partir de plusieurs, la

réussite spectaculaire de l'euro, qui s'est imposé comme devise mondiale crédible au bout de dix années seulement[1], est un exemple à suivre. Le FMI aura aussi un rôle important à jouer avec ses droits de tirage spéciaux[2] – mais il devrait, sans attendre, cesser d'accorder, exclusivement en dollars, ses prêts aux pays en difficulté. Enfin et surtout, on reprendra l'idée géniale du bancor[3] de Keynes, un mécanisme permettant d'atteindre les équilibres entre balances de paiements des pays, et donc d'être moins prédateur des res-

____

1. 27 % des réserves mondiales de change.

2. Une monnaie de synthèse, dont la valeur est calculée à partir d'un panier de quatre monnaies (yen, livre sterling, euro, dollar).

3. Une monnaie de synthèse dont la valeur serait déterminée par un panier de matières premières, et qui pénaliserait les pays ayant des déficits ou des excédents trop importants dans leurs balances de paiement.

sources rares de notre planète. En effet, c'est parce que les dollars et donc le crédit sont illimités en Amérique que les Etats-Unis sont devenus le premier pollueur du monde. C'est parce que la Chine a pu accumuler, sans frein ni contrôle, 2 847 milliards de dollars de réserves, qu'elle pille aujourd'hui les ressources rares de la planète, et notamment les terres. La future monnaie mondiale qui remplacera le dollar devra favoriser non plus la prédation de notre environnement, mais bien sa conservation. Cet objectif vital doit être l'affaire de tous, et certainement pas celle des barbares de Wall Street ou des inconscients de la Fed.

Vaste programme, pour reprendre les termes du général de Gaulle, qui avait eu le courage et la lucidité de s'opposer à la fausse valeur du dollar, tout en restant l'allié très fidèle des

Etats-Unis. Mais, après tout, pourquoi pas ? Du général de Gaulle en 1965 sur la convertibilité du dollar-or, à Jacques Chirac en 2003 sur l'invasion sans motifs de l'Irak, n'est-il pas dans la tradition des grands chefs d'Etat français d'alerter, et parfois de s'opposer à, l'Amérique, notre alliée et notre amie, sur ses dérapages et ses erreurs les plus graves pour le monde et pour elle-même ?

Je ne désespère pas de l'Amérique. Pour bien la connaître, et continuer de travailler avec certaines de ses entreprises et institutions, je sais qu'elle est encore aujourd'hui capable de rigueur, de rebond et de réinvention. L'Amérique, ce n'est pas uniquement les administrations Bush et Obama, incapables d'équilibrer un budget à la différence d'un Clinton, entre autres. Ce n'est pas uniquement l'Amérique de Detroit et de certains de ses obèses constructeurs automobiles, n'ayant dû leur survie et leur prospérité actuelle qu'à l'effacement de leurs dettes par le gouvernement américain[1], au nez et à la barbe de l'OMC. L'Amérique, c'est aussi Warren Buffett, Bill Gates, Steve Jobs, à savoir, respectivement : le capitalisme familial du Midwest et l'aptitude à créer des richesses incommensurables tout en mesurant sa dépense, au centime près ; une organisation et une capacité de redéploiement militaires, dans tous les domaines, entreprises, finances et philanthropie ; une capacité d'innovation hors normes. Cette Amérique-là est loin d'être enterrée. Elle pourrait même réagir

---

1. Et à la reprise inouïe du marché du crédit, dans ses pires aspects : en 2010, près d'un million de voitures ont été vendues aux Etats-Unis grâce à des crédits… *subprime* ! La finance américaine n'a retenu strictement aucune leçon de la crise de 2008.

encore plus fort qu'on ne l'imagine, si un Pearl Harbor financier lui arrivait dans les prochains mois (décrochage en flèche du dollar ; effondrement de son marché immobilier résidentiel, toujours pas guéri des excès de 2001-2008 ; cessation d'activité du gouvernement fédéral du fait d'une impasse politique au Parlement et/ou d'une incapacité à se refinancer sur les marchés). Et, à l'instar de la Grande-Bretagne aujourd'hui, elle pourrait redevenir un exemple de courage politique et d'orthodoxie financière pour le reste du monde, Union européenne et France incluses.

Il ne s'agit pas de combattre cette Amérique-là : nous aurons besoin d'elle comme elle aura besoin de nous – et de notre marché européen de 12 000 milliards d'euros – pour relever les défis qui s'annoncent. Les crises récentes au Japon et en Libye notamment ont montré à quel point son implication, dans le cadre d'une concertation internationale, pouvait être déterminante et gage d'efficacité, dans les opérations militaires ou de sécurité civile.

Notre ennemi n'est pas l'Amérique mais le dollar qui, tel un ambassadeur trop sûr de lui, fruste et sans maîtrise de lui-même, dessert les intérêts de son pays en insultant et en intimidant le reste du monde. Car on peut, on doit s'opposer à la fausse valeur du dollar et à sa dangerosité, tout en voulant aider l'Amérique à retrouver ses vraies valeurs, et à partager avec elle, mais pas seulement elle, les clés de la gouvernance mondiale au XXIe siècle.

Le G20 de Nice peut être une étape importante dans cette nécessaire évolution, à la seule condition que la France n'ait pas la prétention de vouloir tout proposer seule, ni la légèreté de n'en faire qu'un plan médiatique pour candidats en quête d'image présidentielle. Si en revanche elle peut contribuer avec ses partenaires de l'Union européenne à faire travailler ensemble ce G18, pour rompre le double chantage sino-américain autour du dollar, alors elle aura tenu son rang.

East 62nd Street, New York,
9 avril 2011.

Quatre scénarios pour l'Enfer

Waldorf Astoria,
New York, juin 2010

(…) Il ne me reste plus que quelques semaines à vivre et travailler aux Etats-Unis. Quelques semaines pour tenter de comprendre comment l'Amérique va se débarrasser de cette vilaine ardoise de plusieurs dizaines de milliers de milliards de dollars.

Puisqu'il apparaît de plus en plus nettement que l'Amérique n'a pas les moyens de rembourser une telle somme, que peut-elle faire, concrètement ? Et quelles vont être les conséquences pour nous, le reste du monde ?

C'est en effet un sujet de préoccupation assez universel. S'il n'est pas sûr que « nous sommes tous Américains », il est en revanche certain que nous sommes tous des créanciers de l'Amérique. Nous détenons tous, directement ou indirectement, sans que nous l'ayons vraiment choisi, des morceaux de dettes de l'Amérique. C'est le dollar et lui seul qui achète, sur les marchés mondiaux, le pétrole, le gaz, les matières premières, les denrées agricoles, les avions. Il est la monnaie de réserve archi-dominante des Banques centrales du monde entier, représentant près des deux tiers[1] des réserves de change officielles.

Il est le cœur de notre système économique et financier mondial. S'il cesse de fonctionner, si la valeur qu'on veut bien lui *prêter*, si le *crédit* que l'on veut bien lui accorder, disparaît, alors c'est la crise cardiaque. L'effondrement ins-

---

1. 61 % au premier trimestre 2010. Source : FMI, base de données COFER.

tantané de toutes les richesses de notre planète, mesurées et échangées avec ce petit bout de papier, ou les signes électroniques qui le représentent (à la banque, sur les marchés financiers). Or, si l'on regarde d'un peu près[1] ce billet vert, quelle garantie offre-t-il sur la véracité de sa valeur ? Au-delà de ses devises en latin, ses fioritures compliquées mélangeant références historiques et symboles chrétiens et maçonniques, il offre deux garanties, et deux seulement : d'une part, la signature du secrétaire d'Etat au Trésor américain, Tim Geithner ; d'autre part, la fameuse devise « *In God we trust* ». Loin d'être un hymne à la gloire de Dieu, cette mention résonne comme un appel, singulièrement outrecuidant, à la responsabilité

____

1. Voir www.etatsunisdeurope.com pour une description minutieuse et un historique du dollar, du XVIe siècle à nos jours.

divine : « Attention, cher *God*, nous comptons bien sur vous pour honorer votre signature. »

La signature de Timothy Geithner, l'ancien président de la Banque fédérale de New York avant et pendant la crise des *subprimes* (et qui a notoirement laissé passer tous les trains de la crise, de Citigroup à AIG, Bear Stearns, etc.[1]), et un appel aux puissances d'en haut : n'est-ce pas un peu court, pour garantir que le Trésor américain remboursera ses dizaines de milliers de milliards de dol-

---

1. On n'accablera pas ici gratuitement M. Geithner, mais l'on renverra à deux documents assez contrastés sur son *track-record* : une enquête du *New York Times* le 26 avril 2010 décryptant ses liens étroits avec les grandes banques privées américaines – très probablement ses futurs employeurs ; et d'autre part, la leçon d'orthodoxie financière qu'il a cru bon de donner aux Européens lors d'un voyage en mai 2010 (voir la lettre adressée au G20 le 3 mai 2010).

lars ? Certains le pensent, et n'hésitent pas à le dire sans ménagement à l'Amérique. J'en ai été le témoin accidentel, très précisément ici, au Waldorf Astoria où je me trouve. Mais un an plus tôt, le 22 septembre 2009, à la veille du sommet du G20 de Pittsburgh.

*Dans les coulisses
d'un meeting avec Mr. Brown*

Le Premier ministre britannique Gordon Brown m'avait convié à une réunion informelle, dans une salle du Waldorf Astoria. Il avait réuni une demi-douzaine d'économistes et de financiers new-yorkais, afin de leur présenter la réponse de la Grande-Bretagne face à la crise financière du siècle. Ayant coordonné les travaux d'un *think tank* français formulant des propositions précédant les sommets du G20 en 2009[1], je devais sans doute cette invitation à la recommandation finale de notre étude (qui n'a hélas pas été retenue) : nommer un haut dirigeant britannique, connu du monde entier et europhile, à la présidence de l'Union européenne[2]. La candidature de M. Van Rompuy eut raison de cette ambition saugrenue.

Les règles de confidentialité m'empêchent de dévoiler la teneur de ces échanges tenus à huis clos avec Mr. Brown. Je m'interdis donc de rendre hommage à sa formidable capacité à promouvoir

---

1. Notes de l'Institut Montaigne de mars 2009 (« Reconstruire la finance pour relancer l'économie ») et septembre 2009 (« Entre G2 et G20, l'Europe face à la crise financière ») : www.institutmontaigne.org.

2. Des personnalités telles que Chris Patten, l'ex-gouverneur de Hong Kong, et particulièrement au fait des ambitions et méthodes de la Chine, n'auraient pas desservi l'Europe.

la *special relationship* entre les Etats-Unis et la Grande-Bretagne, les intérêts de l'économie britannique, et à défendre les intérêts de la City, contre vents et marées, et même contre les intérêts de l'Union européenne. Mais l'essentiel n'était pas là. Il était dans les minutes qui ont précédé cette réunion.

Je m'étais présenté dans le hall du Waldorf Astoria, quelques minutes avant 11 heures. L'invitation précisait que la réunion aurait lieu dans une salle du 18e étage. Je prends le premier ascenseur venu, et monte. La porte s'ouvre. Je fais à peine un pas, et me voici entouré de trois agents de sécurité américains. Menaçants. « *What are you doing here, sir ?* » Je m'entends répondre machinalement. « *I have a meeting with Mr. Brown.* » Les officiers de sécurité se passent l'information : « *Brown… he is looking for a Mr. Brown… yeah,*

*that's what he says… what do we DO
with him ?* »

Vexé, et un peu inquiet, je précise :
« *Prime Minister Brown. I have a meeting with him at 11.* » Renseignement
pris, mon officier traitant me répond,
légèrement plus aimable : « Le Premier ministre Brown est bien à cet
étage, mais dans l'autre aile. Vous vous
êtes trompé d'ascenseur. Il faut redes-
cendre, mais pas tout de suite. »

Ah bon, pourquoi ? « *Because the
President is on his way. Please step
aside.* »

A ce moment-là, je vois Barack
Obama sortir, seul et le premier, d'une
salle de réunion à quelques pas de là. Il
est entouré d'une huitaine d'officiers de
sécurité. Il est pressé par le temps. Soucieux. Nous sommes à la veille du troi-
sième sommet du G20, et si les marchés
financiers étaient déjà repartis dans

l'euphorie, l'économie américaine, elle, était encore en pleine récession, et venait de détruire, dans les onze mois qui ont suivi son élection, plusieurs millions d'emplois. Barack Obama avait de quoi être préoccupé. D'autant plus que les déficits budgétaires américains, creusés par la crise financière, grimpaient en flèche.

Barack Obama engouffre sa silhouette svelte et aérienne dans l'ascenseur. Mine tendue, crispée.

Qui donc lui avait fait passer un si mauvais moment, à quelques heures du G20 ? La réponse ne se fit pas attendre : quelques secondes après le départ du président Obama, une nuée d'agents de sécurité chinois se répandit dans tout l'étage, obligeant les officiers de sécurité américains à s'écarter, non sans grommeler. Alors, d'un pas lent et décidé, sourire aux lèvres, M. Hu Jintao, président de la République populaire de Chine, apparut. Il prit même le temps de me regarder, contrairement à Barack Obama.

Scène stupéfiante. Pendant qu'au même moment les dix-huit membres du G20 vaquaient à leurs occupations (Mr. Brown en vendant l'économie britannique à des investisseurs, le président Sarkozy en faisant un meeting politique avec la communauté des expatriés français), les dirigeants de la Chine et de l'Amérique faisaient leur propre sommet, un « G2 », accordaient leurs violons sur les principaux sujets du moment. A moins que – et ceci expliquerait la mine tendue de Barack Obama – cette réunion ne fût celle d'un créancier (la Chine) face à son débiteur impécunieux (l'Amérique). La Chine, du fait de l'excédent gigantesque de sa balance de paiements[1], notamment vis-à-vis de l'Amérique qui lui achète ses produits manufacturés, est le principal détenteur d'obligations du Trésor américain[2] : il est normal qu'elle demande des comptes à son débiteur américain. Il est même raisonnable qu'elle aille jusqu'à le sermonner sur sa gestion impécunieuse.

Dans cette scène inattendue, deux détails me troublèrent. D'abord, les officiers de sécurité étaient trois à quatre

---

1. La Chine détiendrait plus de 2 700 milliards de dollars d'excédents, si l'on veut bien croire les statistiques de la People Bank of China.

2. D'après les rapports du Trésor américain, dits « TIC », la Chine aurait possédé 900 milliards de dollars d'obligations du Trésor américain à la fin avril 2010. Le vrai chiffre est nettement supérieur (double, triple ?), car ce montant ne prend pas en compte les achats effectués par des courtiers et des banques non chinoises.

fois plus nombreux côté chinois que côté américain. Comme si le président chinois était plus important que le président américain, dont l'économie est pourtant trois fois plus grande, et la force militaire sept fois plus puissante[1].

L'autre détail est protocolaire, et donc essentiel lorsqu'il s'agit de rencontres entre chefs d'Etat : politesse mal placée, ou vraie faiblesse, Barack Obama a accepté de sortir le premier de la salle. Comme si le véritable hôte et propriétaire des lieux était déjà la Chine, reléguant le président américain au rang de débiteur imprévoyant que l'on éconduit comme un gêneur.

Les semaines qui suivirent cette scène volée confirmèrent mes impressions. Le 12 novembre 2009, alors que

---

1. Mesurées par les PIB et par les budgets consacrés à la Défense. Source : Bloomberg et FMI.

toute l'Europe se retrouvait à Berlin pour fêter la chute du Mur, obtenue en grande partie par l'Amérique de Ronald Reagan, Barack Obama était bien loin. A Washington, pour réviser les *slides* de son Power Point qu'il allait présenter à la Chine les jours suivants, essentiellement pour tenter de la rassurer sur l'état des finances de l'Amérique.

Depuis quand l'Amérique, à travers son président, devrait-elle rendre des comptes à une autre puissance souveraine ? L'Amérique est-elle dans une telle gêne financière qu'elle préfère plaider sa cause auprès d'une dictature se réclamant toujours du communisme, plutôt que de serrer les rangs avec ses alliés les plus proches, les démocraties européennes ?

Combien de temps l'Amérique pourra-t-elle accepter ce qui commence à ressembler à une servitude ? Jusqu'où ira-t-elle pour amadouer son banquier, qui la tient désormais par les cordons de la bourse : jusqu'à accepter l'annexion de Taïwan ? l'invasion du Tibet ? l'Anschluss avec le Japon ? L'Amérique a-t-elle fait tout ce chemin, de l'Indépendance conquise sur la première puissance mondiale de l'époque, l'Angleterre, jusqu'à la victoire sur les nazis en 1945, et les Soviétiques en 1989, pour finir par se soumettre au bon vouloir d'une dictature asiatique ?

L'avenir dira si cette analyse est exagérée. Mais en mettant bout à bout l'histoire américaine, ma compréhension de la culture américaine et la capacité des Américains à tout remettre en cause, à renverser la table, pour survivre aux crises et aux défis les plus récents, je me dis que cet asservissement annoncé n'est justement pas américain. Pragmatisme oblige, il y a certainement une solution pour y échapper. Comme l'aurait dit Churchill, « on peut faire confiance aux Américains pour trouver la bonne solution – après avoir exploré toutes les autres ».

Dans cet esprit, explorons les possibilités et scénarios qui s'offrent actuellement à l'Amérique pour desserrer cet étau de dettes qui la contraint, au point de risquer de devenir demain le jouet d'une puissance étrangère. Je distingue quatre scénarios, et quatre seulement : le scénario de l'« erreur » technique ; le scénario « *go to hell*, version *light* » ; le scénario « *go to hell*, version *hard* » ; et le scénario diabolique, que l'on garde pour la Fin[1].

1. *Caveat* : certains de mes amis économistes, notoirement plus prudents que moi, les trouveront polarisés à l'extrême. Sans doute. Mais après le coup de semonce de la crise financière de 2008, qu'ils

Le scénario de l'« erreur » technique (probabilité : 1 %)

Ce scénario n'est pas très crédible : disons 1 % de probabilité d'occurrence. Mais, depuis la journée du 6 mai 2010, nous savons qu'il est techniquement possible aux robots des marchés (*traders* humains et ordinateurs confon-

n'avaient pas vu venir (à l'exception notoire de Nouriel Roubini), le plus grand danger est sans doute de s'en tenir à des anticipations trop conformistes. Ou à des modèles mathématiques trop parfaits pour comprendre la réalité du monde. Dans de nombreux domaines, et pas uniquement financier, il apparaît que nous entrons dans une période d'événements de singularité, pour reprendre l'expression – et les thèses – de Ray Kurzweil, développées dans *The Singularity Is Near*. L'accélération des progrès de la technique dans de nombreux domaines (sciences, finance, biologie, etc.) multiplie les phénomènes de « singularité », hors normes, et auxquels nous ne sommes pas préparés. Voir aussi les ouvrages de Jacques Ellul sur ces sujets.

dus) de faire disparaître 1 000 milliards de dollars en vingt minutes. Et sans laisser de traces ni d'explication rationnelle à ce phénomène ! Cette réussite spectaculaire des places de marché les plus sophistiquées du monde ouvre de sérieux espoirs pour le Trésor américain : pourquoi ne pas laisser les susnommés robots de marché déployer à grande échelle leurs talents de nettoyeurs de milliards de dollars ? S'il faut vingt minutes pour faire disparaître 1 000 milliards de dollars, il faudrait moins de sept heures pour faire disparaître 20 000 milliards de dollars…

Ce scénario n'est pas sérieux. Mais le *flash crash* toujours inexpliqué du 6 mai 2010 l'était-il davantage ? Il a clairement montré que les marchés financiers, qui échangent tout et n'importe quoi chaque jour – et notamment les obligations d'Etat –, sont des endroits où les échanges sont si rapides (des décisions au millième de seconde – le *high-speed trading*), sur des places de plus en plus opaques (*dark pools*) et hors de tout contrôle national ou international, que tout peut y arriver. Même l'effacement de la dette publique américaine, dont il est d'ailleurs très difficile de connaître précisément l'identité et la géographie de ses créanciers.

Mais allons vers un scénario plus crédible.

Le scénario « go to hell »
(probabilité : 29 %)

Comme leur nom l'indique, ils sont assez grossiers. Ils méritent d'être contextualisés et affinés. Ces scénarios partent d'une réalité que j'ai découverte dans mes nombreux échanges avec des responsables financiers, politiques et même spirituels américains : les Américains, non seulement ne peuvent pas rembourser leur dette, mais n'ont aucune intention de le faire.

— « Pourquoi voulez-vous que nous remboursions notre dette ? »

Un des dirigeants d'un *think tank* très républicain, ancien de l'administration Reagan, me résuma parfaitement l'état d'esprit de l'élite politique américaine vis-à-vis de leur dette nationale, lors d'une réunion à New York au printemps 2010. Les appels à la responsabilité fiscale se multipliant aux Etats-Unis à ce moment-là, je lui demandai s'il ne craignait pas que, les déficits s'aggravant, l'Amérique ne perdît sa notation « triple A » des grandes agences de notation[1] – ce qui entraînerait mécaniquement une montée du coût de la dette publique américaine. Il éclata de rire : « Mais non, voyons. Dans le sport, on appelle cela le *home-team bias* : la préférence pour l'équipe locale. Les équipes de Fitch, Standard and Poor's et Moody's qui donnent des notes sur la dette américaine sont toutes américaines ! Pourquoi voulez-vous qu'ils nous dégradent ? S'ils le faisaient, ils seraient bannis ici ! Aucun club, aucune université ou école ne les

---

1. Les agences américaines de notation ont des actionnaires très respectables : l'Américain Warren Buffett (Moody's), le canadien McGraw-Hill, et même un Français, M. Lacharrière. Ces sociétés commerciales un peu étranges attribuent des notes sur des titres de dettes émis par des entreprises, des banques, des Etats… ces derniers étant les propres clients des agences ! Comme si, à l'école, les élèves pouvaient payer les professeurs qui leur donnent des notes.

accepterait. Ne vous inquiétez pas pour la dette américaine. *You should rather worry about Europe.* » Bien vu, quelques semaines avant la crise grecque et européenne, singulièrement aggravée par l'attitude des agences sus-nommées, et dont je me demande toujours pourquoi on ne leur a pas interdit d'exercer leurs activités commerciales depuis leurs exploits de la crise des *subprimes*[1].

Un peu désarçonné, je reviens à la charge face à ce taliban de la courbe de Laffer, selon lequel « trop d'impôt tue l'impôt ». Son but dans la vie est effectivement de supprimer toute forme d'impôt de la surface de la terre en général, et de la terre américaine en particulier. L'objectif ultime étant la disparition

---

1. Une littérature abondante traite de ce sujet, notamment le *Briefing Paper* de l'Institut Montaigne de mars 2009, « Reconstruire la finance pour relancer l'économie ».

de toute forme de gouvernement (*sic*). Je lui fais part de mon admiration devant une si haute ambition, mais lui demande comment, en supprimant les impôts, il compte rembourser la dette extérieure américaine.

Sa première réaction fut de me faire répéter la question. Il ne l'avait pas comprise. Je m'exécute.

Il me regarde et réfléchit avant de répondre : « Pourquoi voulez-vous que nous remboursions notre dette ? C'est bien, la dette. C'est de l'argent que vous ne possédez pas, et qui vous permet de faire plein de choses. C'est ce que font l'Amérique et les Américains depuis toujours. *Any other questions ?* »

Non, je n'ai plus d'autres questions : j'ai ma réponse sur l'origine de la crise de 2008, et sur la crise qui vient. En Amérique, littéralement, la dette ne compte pas, puisque c'est l'argent des autres. On s'arrange toujours pour éviter qu'elle soit un problème pour le pays. Il y a toujours un moyen de s'en débarrasser, et de laisser le créditeur s'en débrouiller. Ainsi des *ratings* AAA complaisants et dénués de tout fondement, qu'il s'agisse de la dette publique américaine ou des *subprimes*. C'est le problème du créancier, pas celui de l'Amérique, le pays où l'on abandonne ses dettes aussi facilement que l'on respire, comme Detroit le démontre, avec les faillites de General Motors, et les abandons de prêts hypothécaires par les foyers.

Dans mes discussions avec des financiers et entrepreneurs américains, une image revenait régulièrement pour expliquer cette stratégie de survie typiquement américaine : « Si vous nagez dans la mer avec un ami, et que vous croisez un requin, le but n'est pas de nager plus vite que le requin – c'est impossible – mais bien de nager plus vite que votre ami. » Message reçu cinq sur cinq par les Européens qui ne cessent de subir les chocs de la finance américaine (crise des *subprimes*, Lehman Brothers, attaques spéculatives contre la Grèce, l'Espagne, le Portugal, etc.). A la guerre comme à la guerre, tant pis pour ses amis, l'important est d'être le *last man standing*. Surtout ne pas être la victime, celui qui se fait avoir. Le *sucker*, comme on dit à Wall Street.

Une ultime confirmation de cette attitude me fut donnée par une autorité religieuse américaine. Pour ne pas embarrasser cette figure d'une Eglise qui m'est étrangère, appelons-la Mr. Jack. Mr. Jack vint un jour dîner à la maison. Républicain farouche, Mr. Jack tombe en effroi devant le portrait de Barack Obama dessiné par Annemarie Wright, qui orne un mur de notre salon. Nous discutons des chances de réélection de Barack Obama. Mr. Jack en fait une bouillie. A l'entendre, l'Amérique est au bord du précipice, tout va mal, et Obama court à la défaite aux élections de novembre. Trouvant le jugement excessif, je lui oppose différents arguments, dont un, important à mes yeux : d'après un sondage récent de la BBC publié en avril 2010, l'opinion mondiale sur l'image de l'Amérique est redevenue positive, après huit années d'opinions négatives, alimentées notamment par la présidence Bush. Mr. Jack, qui a dédié sa vie à une mission universelle, reconnaîtrait certainement que tout n'est pas mauvais dans l'action du président Obama. Si ce dernier réconcilie l'Amérique avec le monde, renoue les fils du dialogue avec la Russie, le monde musulman, pousse au désarmement nucléaire concerté, n'est-ce pas là l'œuvre d'un artisan de la paix universelle ? Quel homme de Dieu oserait rejeter de tels progrès ? La réponse de Mr. Jack résonne encore dans mes oreilles : « L'opinion mondiale est positive sur l'Amérique ? *Thanks for sharing, Edouard* – merci de partager cette info. *But who cares ?* »

Amen. En Amérique, même les hommes de Dieu sont d'abord américains. Et, quand bien même ils seraient comme Mr. Jack cultivés au point de parler une langue européenne et de voyager régulièrement en dehors de l'Amérique, contrairement aux trois quarts[1] des Américains qui ne détiennent pas de passeport, l'opinion et le sort du reste du monde semblent ne pas peser bien lourd dans leurs balances.

---

1. Estimation du State Department cité par le *New York Times* le 1er octobre 2006.

Comment peut-on concevoir qu'une telle élite et une telle nation se préoccupent de rembourser leur dette au reste du monde ?

Ce qui nous amène à deux scénarios pour une même possibilité : le défaut sur la dette américaine.

— *Le scénario* « go to hell », *version* light *(probabilité : 20 %)*

Ce scénario a une chance sur cinq de se produire dans les prochains mois ou prochaines années.

Un beau matin, par exemple lors d'un week-end prolongé où les marchés boursiers américains seraient fermés un vendredi ou un lundi, le directeur du Trésor américain annonce dans un communiqué laconique que les cotations des obligations d'Etat américaines sont suspendues *sine die*, en attendant que les principaux créanciers de l'Amérique en acceptent les nouveaux termes. Par exemple, les obligations à un an seraient remboursées plus tard, à 2 ans, 5 ans, 10 ans[1]. Cela s'appelle un *rééchelonnement* unilatéral de la dette. L'exercice est assez désagréable pour les créanciers qui espéraient être remboursés à temps. A charge pour eux de se débrouiller avec leurs propres banquiers.

On peut imaginer aussi que le Trésor américain impose unilatéralement à ses créanciers un *haircut* – un vocabulaire de garçon coiffeur pour désigner une réalité ébouriffante : les créanciers acceptent de ne récupérer qu'une partie (la moitié, le quart ?) de leur prêt. Ils

---

1. Les journées fériées de janvier (Martin Luther King's Day et President's Day) et le Memorial Day fin mai sont des candidates intéressantes pour ce genre d'exercices.

ont pris un risque, ils ont perdu : c'est le principe du *Chapter 11*, appliqué avec le succès que l'on sait sur General Motors et Chrysler.

Lorsque l'on prend une longue-vue historique, ce phénomène de défaut souverain (un Etat qui ne rembourse pas ses créanciers) est d'une banalité affligeante. La remarquable étude du professeur Ken Rogoff, publiée dès le mois d'avril 2008, le montre de façon limpide : pratiquement tous les pays du monde, d'une façon ou d'une autre, finissent par faire défaut sur leur dette. Il n'y a aucune raison historique, culturelle ou magique, pour que les Etats-Unis fassent exception à cette règle[1].

Il faut bien comprendre que ce

---

1. *This Time Is Different : Eight Centuries of Financial Crises*, écrit avec Carmen Reinhart, University of Maryland. Certains de mes interlocuteurs anglo-saxons dans la finance repoussent cette

moment sera une tragédie économique pour le monde entier, compte tenu de la masse des sommes en jeu. Ce rééchelonnement, ce potentiel *haircut*, signifierait concrètement que toutes les SICAV monétaires américaines, composées de ces obligations, ne vaudraient plus rien, ou plus grand-chose, d'un coup. Idem pour les milliers de milliards détenus par les Chinois, Japonais, Européens, pays du Golfe, etc. On peut espérer que, le jour où cela arri-

menace d'un revers de main, expliquant que, contrairement aux PIIGS, aux pays d'Amérique latine, d'Asie, d'Europe continentale, la Grande-Bretagne et les Etats-Unis, eux, n'ont JAMAIS fait défaut. Outre le caractère contestable de cette information (le FMI venu en catastrophe éviter la faillite au Royaume-Uni en 1976), l'argument est convaincant jusqu'à ce que l'épreuve des faits le mette en pièces. Par ailleurs, la dette américaine n'a « que » deux siècles d'existence, ce qui représente le quart de la période étudiée par K. Rogoff et C. Reinhart.

vera, les Etats-Unis essaieront de gérer ce choc de façon multilatérale, en s'appuyant sur les meilleurs experts en renégociation de dette souveraine, à savoir le FMI et le Club de Paris[1].

On doit aussi anticiper et craindre que les Américains, qui détestent viscéralement depuis leur Indépendance l'idée même de rendre compte à quelqu'un d'autre qu'eux-mêmes, choisiront une route plus directe.

— *Le scénario* « go to hell »,
version hard *(probabilité : 9 %)*

Ce scénario est plus agressif, et moins probable que le précédent. Disons 9 % de probabilité d'occurrence. Imaginez

---

1. Voir www.clubdeparis.org, plus de cinquante ans d'expérience de gestion des crises souveraines, de l'Argentine au Gabon en passant par la Russie, l'Indonésie, etc.

un président soucieux de faire passer les intérêts immédiats de l'Amérique et des Américains avant toute autre considération de postérité ou d'image personnelle dans le monde. Un président pragmatique, doté d'une solide culture du résultat, ne cherchant pas à encombrer ses raisonnements et son action avec la complexité du monde. Pour le meilleur, un Ronald Reagan. Pour le pire : une Sarah Palin, dont on aurait tort de sous-estimer le potentiel électoral sinon éditorial[1].

Pour ce président, l'équation est simplissime, et un de ses futurs conseillers

1. En 2009, son livre *Going Rogue* a été l'essai (*non fiction*) le plus vendu en Amérique, avec 2,7 millions d'exemplaires, loin devant son challenger au titre contre-intuitif : « Agis comme une dame, réfléchis comme un homme » (*Act Like a Lady, Think Like a Man*, de Steve Harvey – 1,7 million d'exemplaires). Source : *Publishers' Weekly*.

pourra la lui résumer ainsi – idéalement avec des *slides* Power Point :

Slide 1 : L'Amérique a trop de dettes.

Slide 2 : La dette, c'est mauvais pour l'Amérique.

Slide 3 : … sauf lorsque les Américains la possèdent, dans ce cas-là, le service de la dette (les intérêts financiers) reste en Amérique, et peut être réinvesti en Amérique.

Slide 4 : Il faut que l'Amérique arrête de s'endetter et de dépendre des autres. Tant pis s'il faut pour cela se couper un bras, consommer et emprunter moins à l'avenir : depuis 1776, l'indépendance (énergétique, financière, politique) est au-dessus de tout dans ce pays.

Slide 5 : En revanche, pourquoi l'Amérique devrait-elle continuer de rembourser et de payer des intérêts à des puissances étrangères ? Ces pays créditeurs, qui détiennent près de 4 000 milliards de dollars en obligations du Trésor américain, qui sont-ils au juste ? La Chine, le Japon, les pays du Golfe, le Venezuela ? En d'autres termes : des pays que nous protégeons militairement ; des dictatures musulmanes ; un adversaire qui monte (la Chine) et un ennemi déclaré (le Venezuela).

Slide 7 : Monsieur/Madame le président, les intérêts de l'Amérique exigent de ne pas rembourser ces 4 000 milliards de dollars. Nos alliés nous doivent bien plus : la sécurité militaire. Quant à nos adversaires, *hang them tight* !

Slide 8 : Le plus tôt vous l'annoncerez, le mieux ce sera pour votre stature présidentielle. Le Congrès et le Sénat seront à vos pieds. Surtout, pour reprendre le titre du livre à succès de

Mitt Romney[1] : *No Apology*. Ne vous excusez pas. Les créanciers de l'Amérique ont fait comme les clients des banques de Wall Street : ils ont joué ; ils ont perdu. *Too bad !*

Les conséquences de cet acte de guerre économique seront assez prévisibles : la guerre tout court, qui accompagne toujours les périodes d'appauvrissement brutal. Soulignons aussi que les grands créanciers de l'Amérique[2], qui seraient ainsi immédiatement lésés, formeront

_____

1. Candidat malheureux à la présidentielle américaine de 2008, haut dignitaire de l'Eglise mormone, et par ailleurs star du *private equity* (Bain Capital) ayant sauvé les Jeux olympiques de Salt Lake City en 2002.
2. Dans l'ordre : la Chine (900 milliards de dollars), le Japon (795 milliards), la Grande-Bretagne (321 milliards), les pays exportateurs de pétrole (239 milliards). Source : Trésor américain, rapport NTICI, avril 2010.

immédiatement une coalition d'intérêts. La Chine, le Japon, la Russie, tous
les pays du Golfe, deviendront les
meilleurs amis des ennemis de l'Amérique, Venezuela, Iran, Corée du Nord
en tête. Si l'on ne se fait pas la guerre
pour quelques milliards de dollars, on
n'hésite pas à la faire lorsque la somme
non remboursée, d'une certaine façon
volée, représente des dizaines d'années
de travail et de sueur de votre pays, et
des dizaines d'années d'accumulation
de patrimoine de ses habitants.

On peut imaginer que même Sarah
Palin, si elle devait être élue, aura des
conseillers pour l'avertir que l'Amérique n'a peut-être pas intérêt à déployer
un scénario aussi agressif. L'Amérique,
très pragmatique, sait bien depuis le
Vietnam, et sans doute bientôt avec
l'Afghanistan, qu'elle n'a plus les moyens
de faire voire de gagner des guerres

militaires. Surtout si elle réussit à coaliser le reste du monde contre elle.

Je donne donc à ce scénario une probabilité de « seulement » 9 %.

Il reste un dernier scénario pour que l'Amérique ne rembourse pas sa dette au monde entier, et donc nous appauvrisse, et s'appauvrisse elle-même, de dizaines de milliers de milliards de dollars. Ce scénario est le plus terrifiant. Il a selon moi une probabilité d'occurrence de 70 %, dans les prochaines années si ce n'est les prochains mois. C'est le scénario diabolique. Il est, comme un lent poison, inodore, incolore, silencieux. Il est pourtant à l'œuvre dans nos économies et nos sociétés depuis une quarantaine d'années. Nous faisons comme si de rien n'était. Ce poison a un nom. Il parcourt toutes les pages de ce livre, le déborde : il s'agit justement du dollar.

Le dollar est un animal étrange et déroutant. Il achète tout et n'importe quoi en Amérique, et à ciel ouvert : la santé des personnes ; leur éducation ; les hommes politiques ; et même la justice, dont on saura s'attirer les faveurs en finançant la campagne électorale de « son » juge, ou en ayant recours aux meilleurs avocats.

Le dollar ignore les limites de la bienséance. Il dépasse les bornes, les frontières. Et le sens commun.

Il s'est ainsi bien moqué de moi, pendant mon séjour américain. Lorsque l'économie et la finance mondiales étaient en pleine euphorie, en 2006-2007, le dollar ne cessait de s'effacer par rapport aux autres devises. Puis, quand la crise de l'automne 2008 fut venue, il repartit en flèche, reprenant son statut traditionnel de « valeur-refuge ». Comme si les marchés tenaient pour nulle et non avenue l'explosion sans fin des dettes et déficits de l'Amérique. Pourtant, en toute logique, s'il faut fabriquer des milliers de milliards de dollars supplémentaires, non pas pour créer de la richesse future, mais pour éponger les crises et excès du passé, la valeur du dollar ne doit-elle pas baisser ? Plus l'Amérique fabrique des pertes, donc dilapide sa richesse, plus elle s'autorise à fabriquer davantage de dollars ! N'est-ce pas l'inverse qui devrait se produire ?

C'est à y perdre son latin.

(...) Et pourquoi pas demain, un billet à l'effigie de Barack Obama, ou de Sarah Palin, avec le montant suivant : 20 000 000 000 000. Un petit bout de papier, similaire à ce billet de deux milliards de deutsche Mark, édité en 1923, que j'ai conservé de mes séjours linguistiques en Allemagne.

Rembourser sa dette en monnaie de singe. La voilà, la solution !

D'autant plus que chaque billet émis par la Réserve fédérale a *force libératoire pour toute forme de dette, publique ou privée*. Je n'invente rien : je traduis la mention légale inscrite sur les dollars. « *This note is legal tender for all debts, public and private.* » Il n'y a plus qu'à imprimer ce bout de papier, et l'Amérique se sera acquittée de toutes ses dettes.

Hypothèse absurde ? Bien au contraire, cette création de monnaie virtuelle, de quasi fausse monnaie, ne reposant sur rien de concret, rien d'autre que la volonté de l'Amérique de s'acquitter de ses dettes sans effort aucun, et de faire payer la facture au monde entier, est une pratique presque aussi vieille que moi. Et qui explique pourquoi les gens de ma génération ont le sentiment étrange de connaître depuis quarante ans, non pas des coups d'Etat permanents, mais un état permanent de crises économiques et financières, à répétition.

Depuis le 15 août 1971, très exactement, l'Amérique fabrique des dollars, de l'argent « à partir de rien ». Et nous tous, Européens, Asiatiques, Africains, Russes, Japonais, l'avons suivie dans cette voie. Nous arrivons au bout de cette logique folle, de cette parenthèse dans l'histoire des monnaies du monde, qui aura duré quarante ans.

Le 15 août 1971, le président Nixon enterre, en direct à la télévision, la réalité et l'ambition de Bretton Woods :

après la débâcle militaire et financière du Vietnam, qui aura englouti les finances publiques des Etats-Unis, l'Amérique exsangue est obligée de revenir sur sa promesse. Le dollar cesse d'être convertible en or. Il se détache de ce point fixe ; désormais, il « flotte » comme toutes les autres devises. La métaphore maritime est bonne : il n'est plus arrimé à rien ; il dérive au gré des vents et des courants, selon les humeurs changeantes du nouveau capitaine : les dirigeants successifs de la Réserve fédérale américaine.

Le résultat est aussi connu que les « Trente Glorieuses » ayant suivi Bretton Woods : libre de toute contrainte, le dollar se démultiplie. La Banque centrale américaine se met à en fabriquer par milliards. En finance, cela se dit « explosion de la masse monétaire ». Depuis 1971, la masse des dollars en circulation dans le monde a été multipliée par 21, tandis que la richesse de l'Amérique, mesurée par son PIB, a augmenté sept fois moins vite[1]. Autrement formulé : pour éponger ses dettes et continuer d'avancer, l'Amérique a dû recourir à une inflation massive, dévaluant dans un premier temps le dollar contre toutes les autres monnaies mondiales – et encore davantage contre l'or. Pour éviter de s'arrêter brutalement, comme dans les années 1930, l'Amérique s'est lancée dans une industrie nouvelle : la production illimitée de dollars.

Cette politique fut très efficace pour l'Amérique – qui conserva son *leadership* économique mondial – mais moins pour le reste du monde. Les créanciers de l'Amérique furent remboursés en

______

1. Source : Institut Montaigne, note de mars 2009 : « Reconstruire la finance pour relancer l'économie ».

monnaie de singe (le dollar prêté dans le passé valant bien plus cher que le dollar remboursé, du fait de l'inflation) ; l'Amérique relança son économie grâce à des exportations soutenues par une monnaie artificiellement affaiblie ; enfin et surtout, pour se protéger davantage, l'Amérique eut recours à des pratiques protectionnistes d'une violence inouïe, imposant des surtaxes[1], des barrières douanières, en même temps qu'elle subventionnait ses industries agricoles (cotonniers du Midwest), automobiles, sidérurgiques, etc. Une pratique qui perdure, comme en témoignent les rapports annuels de l'OMC, et que l'administration Obama a récemment exacerbée[2].

---

1. Surtaxe de 10 % sur tous les produits importés, dès le 15 août 1971.

2. Entre autres mesures, et sans parler des subventions agricoles à côté desquelles la PAC européenne

Ce viol complet des accords de Bretton Woods, dans leur lettre comme dans leur esprit, était-il un moment d'exception ? Telle était en tout cas l'idée du président républicain Richard Nixon, qui voyait le décrochage du dollar comme une mesure temporaire.

Quarante ans après, le provisoire s'est installé. Le désordre monétaire issu de 1971 est particulièrement troublant pour l'esprit : toutes les monnaies, hier mesurées à l'aune du dollar-or, sont désormais relatives. Cette situation amène une cohorte d'autres désordres.

Le FMI a remarquablement résumé cette instabilité constante et croissante

est une aimable plaisanterie : clauses de « *Buy American* » interdisant l'importation de fer et d'acier pour les projets d'infrastructure, droits de douane de 35 % sur les pneumatiques chinois en septembre 2009, reniement d'importantes dispositions du traité de libre-échange NAFTA, pénalisant notamment les transporteurs routiers mexicains, etc.

du système économique et financier mondial depuis 1971, soulignant qu'entre-temps, le monde avait connu 124 crises bancaires, 205 crises de crédit, 63 crises d'Etats souverains, et une cinquantaine de crises cumulant ces phénomènes.

Un des effets immédiats de cette instabilité monétaire est une inflation massive qu'aucune autorité ne peut plus contrôler, et que l'on masque aux peuples en truquant les statistiques officielles de l'inflation, comme le font avec application et précision les instituts statistiques des grands pays développés. Ainsi de l'INSEE en France, qui réussit l'exploit de sortir de l'indice des prix à la consommation l'élément le plus important du coût de la vie aujourd'hui : le logement. Mais les mesures de la *core inflation* en Grande-Bretagne et aux Etats-Unis notamment sont encore plus fausses, puisqu'elles excluent le coût de la nourriture et de l'énergie (transport, chauffage, etc.). Avec ces données, que peut-on mesurer d'autre que le prix des produits fabriqués en Asie, délocalisation oblige ? Ces tours de passe-passe ont comme effet principal de limiter la hausse des salaires que les employés des secteurs privés et publics seraient en droit de réclamer, du fait du renchérissement du coût de la vie. Ces phénomènes mondiaux et masques de planche à billets créent des désordres financiers sans fin, les masses d'argent produites ou reprises par les Banques centrales mondiales variant selon le bon plaisir de leurs dirigeants – les banques privées étant priées de suivre le mouvement pour accorder des prêts à l'économie réelle, marges incluses. Autre conséquence dramatique pour nos économies et nos sociétés : l'explosion de produits dérivés[1] pour se protéger (un peu) et spéculer (beaucoup) face aux changements incessants des parités monétaires – où l'on retrouve nos amis les *traders*...

Une conclusion préliminaire s'impose : quand l'Amérique va mal, quand elle perd ses guerres (Vietnam, en l'occurrence), et est criblée de dettes, elle n'a pas d'autre choix que d'exporter sa crise dans le reste du monde. Une expression populaire le résume bien aux Etats-Unis : « Quand l'Amérique s'enrhume, le monde attrape froid. » Fin 2008, en pleine crise financière, un industriel américain m'en donna une version plus agressive, et plus actuelle :

____

1. *596 000* milliards de dollars (montant notionnel des produits dérivés *over-the-counter*). Source : Banque des règlements internationaux.

« *When the US catches a cold, the world gets pneumonia.* »

Message reçu. Nous sommes en 2010. Comme en 1971, l'Amérique est criblée de dettes. Comme en 1971, elle vient d'engloutir une fortune considérable dans des guerres perdues d'avance. Lorsqu'en 2011 l'armée américaine aura battu en retraite en Afghanistan comme en Irak, quel autre choix raisonnable aura le futur président américain, à part celui de faire tourner la planche à billets encore plus vite et encore plus fort que ne le firent Nixon et ses successeurs dans les années 1970, après la débâcle du Vietnam ?

Bis repetita ? Les années 2010 sont dans une configuration très similaire à celle des années 1970, qui furent des années d'inflation et de crises, à deux détails près : les économies du monde entier sont encore plus interdépendantes les unes des autres ; et le volume de monnaie à émettre par la Réserve fédérale américaine, ne reposant sur rien d'autre que des fausses promesses de rembourser plus tard, est devenu incommensurable, quasi infini.

Contrairement aux Européens et notamment aux Allemands, l'administration américaine semble ne pas se soucier de ce puissant mécanisme inflationniste. Prisonniers, parfois pour le meilleur, de leur pensée positive, il estime que, de toute façon, il arrivera toujours à vendre ses dollars au reste du monde, de gré ou de force. Sans verser dans une nauséabonde théorie du complot, je constate que le climat de crise autour de l'euro au printemps 2010, savamment entretenu par les agences de notation, médias et spéculateurs anglo-saxons mentionnés plus haut, arrange formidablement bien les affaires de l'Amérique. Plus l'euro est décrédibilisé comme alternative au dollar, plus le monde riche, ancien et nouveau, détenteur d'excédents monétaires, est contraint et forcé de continuer d'acheter des dollars.

Et de jouer avec. La folie de ce robinet de dollars grand ouvert, et que personne ne semble en mesure d'arrêter, est illustrée par le comportement des marchés mondiaux des changes, totalement décorrélés de la vie réelle économique du monde, où les *traders* – encore eux – aidés en cela par les banquiers, même les plus respectables, empruntent jusqu'à dix, cent, mille fois la mise, chaque jour, ou plutôt chaque fraction de seconde, pour spéculer. Un chiffre, un seul, illustre cette démence : chaque jour, plus de 4 000 milliards de dollars[1] sont échangés sur le marché

____

1. Mesuré par la Banque des règlements inter-

mondial des changes. En un an, cela représente un marché d'un million cinq cent mille milliards de dollars échangés. Près de trente fois le PIB de la Terre. Bref, cela représente absolument n'importe quoi, si ce n'est l'activité de *traders* armés de produits sophistiqués et de dettes que leur prêtent des banques ayant perdu tout sens des responsabilités, préférant détourner des crédits utiles à l'économie réelle et à nos sociétés, au profit d'une poignée de financiers et de robots de marché, sans que l'on sache véritablement lequel des deux mène l'autre.

Il faut souligner l'extrême nocivité de ce marché littéralement débile, « cassé », pour les acteurs de la vie écono-

---

nationaux en avril 2007. Sans doute ce chiffre est-il deux, trois, cinq fois plus important aujourd'hui, compte tenu des désordres accrus depuis la crise des *subprimes*.

mique réelle : qu'ils soient investisseurs financiers mondiaux de long terme, ou grands exportateurs, tels l'aéronautique, l'agro-alimentaire, etc., ils doivent dépenser des fortunes pour se « couvrir » contre ces risques de change aussi irrationnels qu'imprévisibles. En Europe, une des principales victimes de ce yo-yo est l'industrie aéronautique, grande pourvoyeuse d'emplois – à la différence de mes amis des *hedge funds*[1].

Est-ce que le dollar fou va réussir, pour reprendre le mot et sans doute l'objectif de Lénine, à « avilir » toutes les monnaies de papier du monde, et ainsi à mettre par terre les économies

---

1. A lire à ce sujet le délicieux témoignage de Mr. John Paulson face au Congrès américain (US House of Representatives Committee on Oversight and Government Reform, novembre 2008). Ce grand spéculateur, s'étant enrichi en jouant activement à la baisse l'immobilier américain (notamment grâce

et sociétés capitalistes en s'y déversant à l'infini ? Ce ne serait pas le moindre des paradoxes pour le pays de la Liberté.

Quand est-ce que ce déluge de dollars, provenant du robinet percé de la Fed, s'arrêtera ?

Le moment où tout s'arrête est connu, et dûment répertorié dans l'histoire des monnaies du monde entier : ce moment, en général précédé d'une pointe, d'un emballement de la machine à fabriquer des billets, survient lorsque la confiance dans la monnaie, goutte à goutte ou d'un seul coup, disparaît irré-

au concours de Goldman Sachs, contre qui la SEC a déposé une plainte pénale à ce sujet), y expliquait sans rire que son activité était formidable pour l'économie américaine, puisqu'il avait multiplié ses effectifs par dix. Effectivement, sa firme était passée de 7 à 70 personnes en… quatorze années. Les millions de chômeurs américains peuvent envoyer leurs CV à www.paulsoninvestment.com/careerx.htm.

médiablement. A ce moment-là, on bascule dans un autre monde, infernal.

En effet, que se passe-t-il lorsque la monnaie devient folle, au point de perdre toute valeur ? Les Européens, et singulièrement les Français et les Allemands, ont contrairement aux Américains le « bénéfice » de cette expérience historique. En France, ce fut la période des assignats pendant la Révolution française. Ces bouts de papier permirent à une petite oligarchie – on dirait aujourd'hui une kleptocratie – de s'enrichir prodigieusement en volant les biens du clergé dont la valeur avait été « assignée » à ces papiers. Las, les guerres révolutionnaires vidèrent tellement le Trésor public que cette oligarchie accéléra l'émission de cette fausse monnaie, afin de combler les fins de mois. La conséquence directe de l'effondrement (de 90 %) de la valeur de ces assignats fut d'ouvrir l'une des périodes les plus noires de l'histoire de France : la Terreur de MM. Robespierre et Guillotin. Il fallut attendre Napoléon et une significative entreprise de redressement des finances publiques pour mettre un terme à cette barbarie.

Idem pour l'Allemagne des années 1920 : condamnée à payer des « réparations » au titre de la guerre de 14-18, d'un montant dépassant largement ses moyens, l'Allemagne fut contrainte, elle aussi, d'imprimer de la monnaie à grande vitesse, pour rembourser ses dettes en monnaie de singe. La suite est connue : derrière mon billet vert de 2 milliards de deutsche Mark des années 1920 commençait d'apparaître l'effigie de M. Hitler. A la folie des nombres monétaires qui ne signifièrent plus rien – on avait besoin de brouettes de billets de millions de deutsche Mark pour acheter du pain – succéda la folie barbare du nazisme et des chambres à gaz.

Aujourd'hui, nous sommes en 2010. Et la principale différence que je vois entre la monnaie qu'imprime actuellement la Réserve fédérale américaine, et dans son sillage les Banques centrales européenne et japonaise, et la monnaie des assignats de la Révolution française et des deutsche Mark des années 1920, est une différence d'échelle et de géographie : cette fois-ci, pour la première fois dans l'histoire, le risque d'une perte massive de la valeur des monnaies est désormais mondial. Et pèse des dizaines de milliers de milliards de dollars.

« *Are you ready ?* », pour reprendre une publicité américaine célèbre. Comment peut-on se préparer face à un tel scénario apocalyptique, ou, si nous en avons encore la possibilité, comment peut-on s'en protéger, survivre à cet enfer annoncé, jusqu'au jour d'après ?

Pour la réponse à cette question, je vous donne rendez-vous au Paradis[1].

____

1. Chapitre conclusif du livre *20 000 milliards de dollars*, *op. cit.*

Dans la même collection

Composé par Nord Compo Multimédia
7, rue de Fives, 59650 Villeneuve-d'Ascq